칭찬에 춤추던 고래들은
어디로 갔을까

칭찬에 춤추던 고래들은
어디로 갔을까

ⓒ 이장우, 2022

초판 1쇄 발행 2022년 9월 2일

지은이   이장우
펴낸이   이기봉
편집   좋은땅 편집팀
펴낸곳   도서출판 좋은땅
주소   서울특별시 마포구 양화로12길 26 지월드빌딩 (서교동 395-7)
전화   02)374-8616~7
팩스   02)374-8614
이메일   gworldbook@naver.com
홈페이지   www.g-world.co.kr

ISBN   979-11-388-1206-1 (03370)

아이와 함께 성장하고 싶은
학부모님들을 위한 교과서

칭찬에 춤추던 고래들은
어디로 갔을까

이장우 지음

좋은땅

나는 어릴 때부터 서울에 사는 것이 꿈이었다. 화려한 도시의 불빛과 북적거리는 사람들이 좋았고 구체적인 꿈은 없었지만, 항상 서울을 동경해 왔다. 운이 좋게도 수능을 잘 봐서 서울에 합법적(?)으로 갈 수 있는 기회를 얻었고 전공을 고민하던 중 어릴 때의 일상이 떠올랐다. 할머니가 시장에서 나물 장사를 하셨는데, 옆에서 조수 노릇을 자주 했었다. 사람들이 북적거리는 시장이 좋았고 돈을 벌고 돈을 세는 것이 재미있었다.

이런 계기로 한국외국어대학교에서 경영학을 전공하게 되었다. 꿈만 같던 서울에서 잊지 못 할 20대를 치열하지만 즐겁게 보냈다. 졸업 후 대기업(LG)에 취직을 하면서 구미로 내려오게 되었고 20대의 마무리와 30대의 책임감 있는 사회인으로서 제대로 정착하는 듯 보였다. 하지만 생각보다 단순 반복의 일과와 회사 내 사람들과의 복잡 미묘한 관계에 어려움을 겪었다. 남은 생은 이렇게 '별 탈 없이 마무리하며 자연사하겠구나' 하는 허탈함 때문이었을까 사회 구성원으로서 1인분을 해내야 한다는 무게감 때문이었을까. 아니면 '월요일 아침이 가장 즐거운 인생을 살자'는 나 자신과의 좌우명을 지키지 못한 죄책감 때문이었을까. 생각과는 다른 사회생활에 적응하지 못하고 1년을 조금 넘긴 후 사직서를 제출하게 된다.

조금 더 의미 있고 행복한 삶을 위해 고민하던 중 초등학교 선생님이 되고자 수능을 다시 시작하여 28살의 나이에 춘천교대에 입학하게 된다. 남들은 한 번도 못해본 두 번째 캠퍼스 생활을 부모님 등골을 두 번이나 빼먹으며 만끽하고 포항으로 첫 발령을 받게 된다. 회사의 사람들은 죽어 있는 사람들이라면 교실의 아이들은 살아 있는, 그야말로 1분 1초도 가만히 있지 못하고 자신의 존재를 나타내는 체험 삶의 현장이었다. 마치 어릴 때 내가 느낀 시장의 느낌이었다. 그때 이 길이라면 썩 괜찮을 것 같다는 느낌을 받았다.

칭찬에 춤추던 고래들은 어디로 갔을까 ·

하지만 겉으로 보기에 시끌벅적 즐거워 보이는 시장도 한 사람 한 사람에게 모두 사연이 있고 그 속에는 치열한 삶이 있음을 알고 아이들이 힘들어질 무렵, 코로나가 닥쳤다. 갑자기 교실에 아이들이 사라졌다. 나를 힘들게 하는 아이들이 사라져 한숨 돌리고 휴식의 시간을 가졌다. 기쁠 줄만 알았지만 허전하고 허무했다. 원래 소중한 것은 없어진 다음에야 안다고 하지 않는가. 다시 아이들이 그립고 스트레스를 받고 싶었다. 스트레스는 나를 움직이게 하는 원동력이었다. 아이들의 예측할수 없는 행동과 생각이 나를 궁금하게 만들고 고민하게 만들고 해결하고 싶게 만드는 것이었다. 텅 빈 교실에서 아이들과 지냈던 지난 시간들을 생각하며 이 책을 썼다. 아이들이 돌아왔을 때 좀 더 나은 사람이 되어 더 행복하게 교직생활을 하고 싶어 이것저것 닥치는 대로 생각들을 정리하고 공부하며 글을 써 봤다.

이 책은 학교에서 교사의 시각에서 본 아이의 행동과 마음을 서술하였다. 가정에서 본 부모의 시각이 아닌 교실에서 교사의 시각을 보여줌을 통해 아이와 함께 성장하고 싶은 학부모님들에게 조금 다른 관점으로 접근할 수 있는 기회를 주고자 한다. 이제 코로나가 잦아들었고, 아이들도 원래 자리로 돌아왔다. 지금도 아이들은 나에게 행복한 스트레스다. 행복한 스트레스와 부대끼며 아이를 같이 키우는 협력자로서 함께 고민하고 성장할 수 있는 계기가 되었으면 한다.

목차

칭찬에 춤추던 고래들은 어디로 갔을까?

옛말에 "칭찬은 고래도 춤추게 한다."라는 말이 있다. 과거에도 널리 쓰였고, 현재도 쓰이고 있고, 미래에도 칭찬의 중요성을 알릴 유용한 관용구이다. 아동의 교육에 있어서는 칭찬은 필수 불가결한 요소로 여겨진다. 필자 또한 학부모 상담을 하면 많은 수의 학부모님들이 "우리 아이 칭찬을 좋아해요.", "나무라거나 혼내는 것보다, 칭찬을 많이 해 주세요.", "우리 아이는 칭찬하면 잘해요."라고 말씀하시는 분이 많다. 칭찬을 싫어하는 아이는 없다. 어른도 없다. 본인도 누군가 칭찬을 해 주면 힘이 나고 무엇이든지 할 수 있을 것 같은 기분이 든다. 근데 진짜 칭찬이 고래를 언제까지나 즐겁고 신나게 오래오래 춤추게 할 수 있을까? 진짜 혼나는 것보다 칭찬하면 아이가 더 잘할까?

여기에 재미난 옛날이야기를 하나 해 보자. 태양과 바람이 지나가는 나그네의 옷을 벗기는 내기를 했다고 한다. 너무나도 유명한 이야기의 결과는 다들 알고 있을 것이다. 이 우화의 목적은 바람의 강함보다는 태양의 따뜻함이 그 효과를 발휘했다는 교훈을 주고자 만든 이야기일 것이다. 물론 이 우화는 훌륭한 교훈을 주고, 우리 삶에서도 이러한 방식은 상대방을 설득하는 데 굉장히 유용한 방법이다. 하지만 교육은 단순한 내기나 거래의 성사 같은 한두 번의 설득과는 그 결이 다르고, 그렇다고 하더라도 매번 인내심을 가지고 태양이라는 정성을 쏟아 주는 일이 그렇게 간단한 일만은 아니다. 실제로 10번의 태양을 비춰 주다가 순간을 못 참고 단 한 번의 바람으로 아이가 옷깃을 단단히 여미는 경우도 수없이 보았다.

우리는 여기서 우리가 아이에게 칭찬하는 '목적'을 잘 염두에 둘 필요가 있다. 왜 칭찬을 하는가? 아이가 기분이 좋았으면 해서, 아이의 자존감을 북돋아 주려고, 아이가 자신 있게 더 잘할 수 있게 하려고, 실망하거나 기

죽지 않고 다음에 더 좋은 성과를 내주었으면 해서? 그
게 아니면 마음속으로는 이럴 수도 있겠다. 다음번에
도 내가 말하지 않아도 스스로 알아서 공부해서 만족할
만한 성과를 내줬으면 해서, 내가 먹이지 않아도 스스
로 편식을 하지 않고 당근을 먹어 주었으면 해서, 항상
자기가 쓴 물건은 자기 자리에 정리하고 정돈하는 습관
을 길러서 내가 대신 치워 주는 일이 없게 하려고? 여러
분들이 자녀를 칭찬하는 목적을 정말 가슴에 손을 얹고
생각해 보라. 그 안에 나의 바람과 욕심이 들어가 있지
않은지를, 또한 자녀가 그것을 내심 알아주었으면 한다
는 마음이 없는지를 다시 한번 생각해 보자.

　　EBS에서의 프로그램 중 〈학교란 무엇인가〉라는 다
큐멘터리가 있는데 그중 '칭찬의 역효과' 편에서 재밌는
실험을 했다. 두 종류의 실험 집단, '능력을 칭찬받은 아
이'와 '노력을 칭찬받은 아이'로 나누어 실험해 보았다.
어려운 문제를 내주고 선생님이 답안지를 책상에 놔두
고 잠시 자리를 비운 뒤 반응을 보는 실험이었다. 능력
(점수, IQ, 등수 등)을 칭찬받은 아이의 집단이, 노력(풀

이과정, 시도하는 방법)을 칭찬받은 아이의 집단보다 선생님이 자리를 비웠을 경우 몰래 답안지를 보는 행동을 한 수가 훨씬 많았다. 또한 시험을 치른 후 둘 중 하나만을 볼 수 있는 선택을 하게 했다. '다른 친구의 점수'를 볼래? '문제 풀이 방법'을 볼래?라고 했을 때, 다른 친구의 점수를 보려는 학생들의 수가 월등히 많았다. 똑같이 칭찬을 해 주었는데 왜 이런 다른 결과가 나왔을까? 또 칭찬을 해 주었는데 왜 답안지를 몰래 보고, 문제 풀이보다는 친구의 점수에 더 신경이 쓰였을까.

이번에는 교실에서 실제 본인의 사례를 예로 들어 보겠다. 학급 운영의 하나로 아이들에게 책을 읽는 습관을 길러 주고 독서의 즐거움을 깨닫게 해 주고 싶어 칭찬스티커를 적용한 적이 있다. 교실에서 독서를 한 권할 때마다 칭찬스티커를 주고 그 스티커를 모으면 나중에 상을 주었다. 칭찬스티커 상황판은 경쟁하며 서로 많이 읽기를 바라는 마음에 누구나 볼 수 있도록 학급의 앞면에 두었다. 상은 그냥 작은 공책이나 필기도구 정도였다. 어떻게 되었을까? 처음에는 의도대로 친구들이 스티커를 받으려고 너도나도 책을 읽기 시작했다. 처음에는 이 학급 운영방식이 성공한 것 같아 뿌듯했다. 아이들도 앞다투어 책을 읽기 시작했고 경쟁하듯 책을 읽는 분위기가 되었다. 그런데 그 속에 함정이 있었다. 자세히 아이들을 관찰하니 한 권이긴 하지만 정말로 얇고 쉬운 책만 골라서 읽는 것이 아닌가? '질'이 아닌 '양'으로 승부를 보고 있었다. 그리고 그마저도 대충, 빨리 읽는 것이 아닌가? 이것도 얼마 가지 못했다. 2달 정도 지났을까? 경쟁에서 뒤처진 아이들은 아예 포기하였고, 이유를 물어보니 "어차피 상도 못 받는데요 뭐, 그냥 안 읽을래요."라고 말하였다. 상을 늘 받는 그 학생들만 읽었고 나머지는 흥미를 잃었다. 그 나머지 학생들도 상들을 여러 번 받더니 흥미가 떨어졌는지 책을 읽는 것을 3개월 내로 그만두었다. 자, 스티커(칭찬)를 주는 목표가 뭐였는지 다시 생각해 보자. '책을 읽는 습관을 길러 주고 독서의 즐거움을 깨닫게 해 주려고'였다. 결과는 2가지 목표 전부 대실패였다.

EBS 프로그램 실험이 보여 준 결과가 시사하는 바는

무엇일까? 능력을 칭찬한 그룹은 타인을 의식한다. 스스로 내면의 성찰보다는 타인보다 앞서야 한다는 부담감을 느낀다. 그래서 친구의 점수와 책상 위에 놓인 시험지의 '답'만이 보고 싶었을 것이다. 두 번째 칭찬스티커는 두 사람 모두의 의욕을 빼앗아 갔다. 잘하는 사람에게는 스스로 선택으로 공부하는 재미를 느낄 수 있는 기회를, 못하는 사람에게는 두 번의 패배감을. 이래도 칭찬이 무조건 좋을까?

칭찬으로 내 새끼 기 좀 살려 주자

시험을 치는 날 아침, 흔히들 볼 수 있는 풍경을 한번 묘사해 보겠다. "우리 아들, 이번엔 공부 열심히 했으니까 자신 있지? 엄마는 아들을 믿는다! 우리 아들은 성실하고 똑똑하니까 파이팅! 아자아자!" 아침부터 엄마의 사랑을 듬뿍 받은 이 학생은 호랑이 기운이 불끈불끈 솟아 칭찬과 격려의 힘으로 시험을 잘 보았을까? 엄마의 시나리오는 아들이 이런 마음을 먹었을 것으로 생각했을 것이다. '나는 똑똑하고 성실하고 공부도 열심히 했으니, 이번 시험은 반드시 잘할 것이다. 긴장하지 말고 끝까지 최선을 다하자. 아자아자!' 그러나 기대했던 엄마의 예상과는 전혀 다른 방향으로 아들의 마음은 복잡하고 불안하기만 했다. 가슴은 콩닥콩닥 알던 내용도

기억이 안 나서 식은땀까지 흘리며 시험을 치렀다. 왜 그랬을까?

　어렸을 때부터 엄한 부모님 그리고 가난 형편과 여러 형제 사이에 나만 사랑을 듬뿍 받기 힘든 환경의 가정에서 보낸 현재 초등 자녀를 둔 우리 부모님 세대는 자신들이 받지 못한 격려와 칭찬의 단맛을 자녀에게 주고 싶어 한다. 그것이 친구 같은 부모, 부모 같은 친구가 되는 지름길이고 부모의 사랑을 온전하게 느끼게 하는 방법이라고 생각한다. 그리고 좀 더 훌륭한 부모가 되기 위해 수많은 책, 인터넷, 주변 지인 등 최선의 방법을 동원하여 공부를 하고, 그것을 통해 자녀에게 최상의 교육을 받게 해 주고 싶고 부모의 관심과 사랑을 주려 노력 중이다.

　물론, 인간은 누구나 관심을 갈구한다. 요즘 세대의 말로 하면 '관종'(관심받고 싶은 사람)이다. 크고 작고의 차이일 뿐이지 모두 인정받고 관심받고 싶은 욕구가 있고 그 욕구를 충족해 주면 자기 효능감은 커지고, 성취

동기도 높아진다. 또한 이는 '긍정의 힘'과 연결이 된다. 자신이 유능하다고 믿으면 정말 능력 있는 사람이 되기 위해 더 열심히 일하고, 결국 원하는 일을 이룰 수 있다고 한다. 이에 어른들은 "넌 할 수 있어. 된다고 생각하고 너를 믿고 끝까지 해라."라고 격려해 주신다.

이 책을 읽고 있는 많은 분들이 아이들에게 이런 칭찬을 해 왔을 것이다. 뭔가를 잘해 냈을 때, "똑똑하네, 머리가 좋구나!", "역시 내 딸, 넌 머리가 날 닮아서 하면 된다니까.", "넌 똑똑해서 조금만 노력하면 금방 따라잡을 수 있어.", 또는 무언가에 실패했을 때 격려하는 말로 "넌 뭐든지 잘할 수 있어. 넌 잘 해낼 거라고 믿는다.", "자신감을 가져, 넌 아빠를 닮아서 잘할 수 있는 능력이 있다고!"라고 했을 것이다. 다시 한번 말해 보고 여러분 자녀의 표정을 잘 관찰해 보라. 날아갈 듯한 표정으로 자신감에 꽉 차 있는지, 아니면 화장실을 다녀오고 안 닦은 사람처럼 찜찜하고 당황스러운 표정을 짓고 있는지 관찰해 보라.

앞서 말한 칭찬의 문제는 '노력'이 아닌 '능력'을 칭찬했기 때문이다. 2003년 한국교육개발원 보고서에 따르면 1980년대 전후로 태어난 영재 81명 추적 결과 50% 이상은 평범하고 상식적인 기대 수준에 못 미쳤으며 12.4%는 고교 졸업 후 취업 및 재수생이었다고 한다. 아마 이 영재들은 어릴 때부터 주변으로부터 똑똑하다는 소리를 귀에 딱지가 앉도록 들었을 것이다. 이렇게 능력을 칭찬받은 아이는 과도한 기대치와 압박에 시달릴 수 있으며, 칭찬으로 자만할 수 있다. 이 두 가지 모두의 경우 아이는 새롭고 실패할 수 있는 것에 도전하기보다는 확실하고 안정적인 것만 하려 할 것이다. 생각해 보라, 무엇하러 영재 소리 듣고 있는 자신의 명성을 스스로 무너뜨릴 수 있는 과제에 도전하겠는가. 영화 〈엽기적인 그녀〉의 주인공 견우의 엄마가 시험을 망치고 온 아들에게 하는 말이 있다. "네가 날 닮아서 머리는 좋은데, 공부를 안 해서 탈이다. 조금만 하면 금방 따면 잡을 텐데." 나는 그 장면이 재밌기도 했지만 한편으론 안타깝기도 했다. 아이는 '내가 잘한다는 칭찬을 받았으니 난 똑똑해. 이번 시험에서 차라리 열심히 공부를 안 하고 시험 점수를 못 받으면 안 했기 때문에 못 받은 거야.'라고 생각하고 내가 열심히 했다면 당연히 성적을 잘 받을 수 있는 '똑똑한' 상태를 유지하고 싶은 마음이 있을 것이다.

콜버그의 도덕성 발달 6단계

6단계 성인군자	가장 발달한 단계 인간의 존엄성과 생명을 가장 중요하게 여기고 모든 것을 바침	"수업 시간에 집중하는게 당연해. 하지만 내 친구의 생명이 위독한 상황이니 큰 목소리로 알려야겠어."
5단계 타인배려	다른 사람의 입장을 먼저 생각하고 착한 행동을 함	"내가 수업시간에 떠들면 다른 친구에게 방해가 되겠지? 그러니까 조용히 해야겠어."
4단계 규칙준수	고학년 수준의 발달 규칙의 의미를 알고 규칙, 질서는 당연히 지켜야 되는 거라고 생각하며 착한 행동을 함	"수업시간에 조용히 하는 건 우리가 지켜야 할 당연한 규칙이야. 그러니 나도 지켜야지."
3단계 타인시선	중학년 수준의 발달 부모님이나 선생님을 기쁘게 하고 칭찬을 받기 위해 착한 행동을 함	"수업시간에 조용하면 선생님께서 나를 착한 학생이라고 좋아해 주시겠지? 그러니까 조용히 해야겠다."
2단계 보상원해	저학년 수준의 발달 사탕, 스티커 등 보상을 받기 위해 착한 행동을 함	"수업시간에 떠들지 않으면 스티커를 받을 수 있으니까 조용히 해야지."
1단계 처벌회피	가장 낮은 도덕성 수준 다른 사람에게 혼나지 않기 위해 올바른 행동을 함	"수업시간에 떠들면 선생님께 혼나니까 조용히 해야겠다."

이 표는 콜버그라는 유명한 학자의 도덕성 6단계 이론을 좀 더 알기 쉽게 실생활의 예로 든 표이다. 콜버그는 인간의 도덕성을 6단계로 나누었고 인간은 6단계 중 어느 단계에 해당한다고 했다. 가장 낮은 단계가 1단계이고 도덕성의 발달함에 따라 6단계로 진화한다고 했다. 낮은 단계의 인간은 높은 단계의 인간을 이해하지 못하나, 반대로 높은 단계의 인간은 낮은 단계의 인간을 이해할 수 있다고 했다. 단계별로 차례대로 발달하고 높은 단계의 도덕성을 추구하는 삶이 좀 더 성숙한 방향이라고 말하였다. 여러분들은 어떤 단계에 있는지 확인해 보라. 그리고 여러분들의 아이는 어떤 단계에 있는가.

"귀하의 자녀를 어떤 단계의 사람으로 자라게 하고 싶나요?"라는 질문을 하면 당연히 6단계라고 말할 것이다. 혹은 '성인군자의 단계까지는 아니더라도 5단계 타인배려까지는 가야 하지 않겠냐.'라고 생각할 것이다. 지금 부모님들은 자녀의 교육에 누구보다 관심이 많고 깊고 다양한 지식을 가지고 있고, 여러 방면으로 노력하고 계신다. 이에 공부만이 아니라 자녀의 성장과 사회생활 그리고 성공을 위해서 높은 단계의 도덕성은 꼭 필요하다고 여길 것이다.

　그럼 지금부터 여러분들의 말과 행동이 아이들을 몇 단계로 이끌고 있는지 한번 알아보자. 6단계의 방향을 추구한다면 자녀들의 교육 방식도 6단계여야 한다. 그런데 초등아이들을 1, 2단계 수준으로 교육하고, 아니 길들이고 있는 것이 보인다(물론 유아의 경우는 때에 따라 1, 2단계가 필요할 수 있다). 콜버그는 1, 2단계를 인간의 교육 단계로 보지 않는다. 동물의 단계로 보고 있다. 즉, 약간의 훈련만 있으면 동물도 이 수준은 가능하다는 것이다. '동물이라니?'라고 생각할 수 있지만, 한 가지 상황을 예로 들어 보자. "안 돼! 아무 곳에나 이러면 안 돼! 다시는 이러지 못하게 혼나야겠어. 여기 앉아! 다시 또 그럴래, 안 그럴래? 한 번만 더 그러면 혼난다!" 과연 이 말은 강아지에게 한 말일까, 우리 자녀가 잘못했을 때 한 말일까? 아이들과 동물은 둘 다 생존 본능이 강하다는 공통점이 있다. 차이점은 아이들에게서 생존 본능이라 함은 단순히 먹고 자고의 문제가 아니라, 어떻게 하면 '부모님의 사랑을 받는지.'이다. 사랑받는 방법을 오감, 아니 육감을 통해서 관찰하고 분석하여 가장 최적의 방법을 빠르게 찾아내고 적용한다. 우리 부모가 어떤 행동을 하면 좋아하고 어떤 행동을 하면 싫어하는지를 귀신같이 알아낸다. 심지어 말을 하지 않아도 표정, 말투, 분위기, 심지어 흐르는 공기의 느낌으로도 알아낼 수 있다.

만약 여러분들의 자녀가 당신이 숙제를 하지 않았을 때 여러분이 화를 내고 회초리를 휘두르기 때문에 숙제를 한다면, 이는 분명 1단계이고 당연히 당신이 1단계의 방법을 썼기 때문에 이에 빠르게 적응하여 1단계의 반응을 보인 것이다. 그러면 다시 질문하겠다. 언제까지 이 방법을 쓸 수 있을까? 고등학교? 중학교? 초등학교 고학년? 당신의 신체적 능력은 지금부터 하향곡선을 그리게 될 것이고, 아이들은 가파른 상승곡선을 그리게 될 텐데, 아이가 당신보다 힘이 세지는 순간에는, 어떤 감정과 어떤 행동을 취할까? 나는 이 문제의 해결을 '태권도 사범님'에게 쓰는 경우를 많이 보았다. 엄마보다 엄하거나 무섭고 힘이 센 존재에게 '위탁'하는 것이다. 필자는 한국의 태권도 학원 시스템에 대해 세삼 대단함을 느낀다. 등하교를 시켜 주며 아이들의 건강을 돌봐 주고 놀아 준다. 예절교육도 대신해 주고 방학 때나 주말에는 온갖 재미있는 활동으로 아이들은 불만을 잠재우고 체력을 소진해 집에서 꿀잠을 할 수 있게 육아의 전반적인 부분을 도와주고 있다. 이런 육아의 모든 부분에 관여하는 '태권도 사범님'의 말은 잘 듣고 내 말은 안 들으면 사범님과의 관계가 부모와의 관계보다 더 좋을 수 있지 않을까?

다음 단계는 '당근'이라는 2단계이다. '채찍보다는 당근을 줘야겠지?' 채찍이든 당근이든 단기간에 이보다 좋은 효과를 내는 것은 없다고 본다. 나 자신도 아이의 교육에 대해서 깊게 생각하며 스트레스를 받거나 마음이 상하는 일이 없이, 단기간에 효과가 나오는 신비의 명약 같은 달콤한 유혹을 뿌리치긴 쉽지 않다. 앞에서도 말했듯이, 아이들은 생존을 위한 본능은 여러분들이

칭찬에 춤추던 고래들은 어디로 갔을까 ·

상상하는 그 이상이다. 본인이 원하는 것을 얻기 위해 무엇을 해야 하는지 안다. 설탕 발린 사탕의 맛을 안 이후에는 더 단 달고나를 원할 것이고 그 이후에 더 고급지고 화려한 초콜릿을 원할 수도 있다. 아이들은 거래할 줄 안다. 한강 물을 판 봉이 김선달보다 더한 거래의 달인이다. 뒤에 당근이 숨어 있다는 사실을 안 이때부터 일부러 스스로 할 수 있는 것도 하지 않을 것이다. 그런 다음 자기가 원하는 것이 나올 때까지 부모의 속을 바짝 태우다 결국 원하는 것이 나오면 그것을 빠르게 낚아챌 것이다. 부모는 '역시나, 효과가 있군.'이라고 착각할 테고, 아이도 동시에 '역시나….'라고 웃음 지을 것이다. 동물은 주인이 주도적으로 먹이로 통제할 수 있다. 하지만 아이는 먹이로 부모를 통제할 수 있다.

실제 유치원 아이들을 대상으로 한 실험이 있다. 아이들이 싫어하는 당근 주스를 보상을 주고 먹으라고 해보았다. 단기간에는 성과가 있었다. 보상을 주지 않는 그룹과 당근 주스를 먹는 아이의 수는 차이가 꽤 있었다. 하지만 4주 정도의 기간이 흐른 뒤에는 보상을 그만

두자 스스로 당근 주스를 먹는 습관을 가진 아이는 찾아보기 힘들었고 오히려 보상을 주지 않는 집단의 아이들 중 스스로 선택을 하여 당근 주스를 먹은 아이들 중 습관이 된 아이가 보였다. 외적 동기에 의한 행동은 흥미와 자발성을 가진 내적 동기에 따른 행동을 따라갈 수 없다. 특히나 한두 번은 할 수 있지만 즐겁게 그 일을 하고 습관화시키기는 더욱 어렵다.

우리 아이가 예전에는 제 말 잘 들었거든요

"선생님, 요즘에 우리 아이가 사춘기인 것 같아요. 어릴 때는 안 그랬는데. 하라고 하면 한 번에 하고 엄마 말에 토를 달거나 그러지 않았거든요. 그런데 요즘은 무슨 말만 하면 짜증을 내고, 안 하려고 하고 그러네요. 요즘은 사춘기가 정말 일찍 오나 봐요. 초등학생인데 벌써 이러네요." 상담주간에 상담을 하면 고학년(5~6학년) 학부모에서 자주 듣는 고민이다. 나는 이러한 상담을 하면서 이른 사춘기의 원인을 기후의 이상 변화나 현대인들의 바뀐 식습관, 요즘 아이들의 체격이 빨리 커지는 것 등에서 찾지 않는다. 그렇다면 실제로 빨라진 것일까, 과연 빨라졌다면 왜 그런 것일까.

먼저 '사춘기'라는 단어를 부모의 마음에서 다시 정의해 볼 필요가 있다. 부모가 한번 말을 하면 그대로 "네." 라고 하지 않고 '토'를 달거나 하지 않는 것, 또는 감정 기복이 심하여 짜증을 자주 내는 것 등을 들 수 있겠다. 그렇다면 어릴 때부터 지속해서 이러한 행동을 해 왔다면 갑자기 변화했다는 의미를 내포하고 있는 '사춘기'라는 단어를 쓰지 않을 것이다. 감정이나 생각을 표현하지 않고 말을 잘 듣던 아이가 갑자기 자신의 감정을 표현하고, 생각을 말로 표현했다는 것이다. 자신의 의지와 생각을 말로 표현하는 것은 잘못된 것인가? 부모님의 말씀은 다 내가 잘되라고 그러는 것이니 순순히 따르고 '토'를 달지 않고 그래도 하는 것인가. 또한 감정을 표현하는 것은 좋지 않을까? 외로워도 슬퍼도 나는 울지 않아야 하고, 짜증이 나고 괴로워도 웃으며 훌훌 털어 보내야 하고 부모님 앞에서 안 그런 척해야 한다는 것인가.

나는 '감정표현'은 어린아이의 본능이라고 본다. 아이는 울어야 젖을 준다. 어른은 감정을 숨기는 것에 익숙

하고 또한 그렇게 해야만 사회생활에서 '생존'에 유리하기 때문에 그렇게 훈련되었다. 만약 짜증이 나는 상사에게 내 마음속에 있는 모든 감정을 표현했다면, 승진 고과는 물론 다른 사람들에게도 이상한 사람으로 낙인찍혀 회사생활 자체가 힘들어질 것은 불 보듯 뻔하다. 숨기고 숨겨 기껏해야 친구들과 술 마시고 뒷담화하는 정도로 풀거나 아니면 가장 어리석은 방향인 나의 소중한 사람들에게 푸는 정도일 것이다. 하지만 아이들은 다르다. 아이들을 보라. 아빠·엄마가 보이면 좋아서 바로 웃고, 배고프거나 억울한 일이 있을 때 울고 화가 나는 감정을 숨기지 못해 씩씩거리며 호흡을 하는 게 아이이다.

그럼 언제부터 감정과 자기가 원하는 행동을 숨기는 법을 배웠을까? 나는 이를 '부모님에게 사랑받는 법'을 익히는 때부터라고 생각한다. 배고파도 힘들어도 울지 않고 참으니 부모님이 좋아하시는구나. 화가 나도 싸우지 않고 참고 양보하니까 좋아하시는구나. 행동의 절제도 마찬가지일 것이다. 지금 친구들과 놀이터에서 무척

이나 놀고 싶지만, 학원을 가니 부모님이 뿌듯해하시는 구나. 이러한 것들은 사랑받기 위해 터득한 것들이다. 콜버그의 3단계, 바로 부모님을 사랑하니까 내가 그 행동을 하거나 하지 않은 것이다.

하지만 이러한 동기에서 하는 행동은 아주 건강하다고 보기는 어렵다. 내 안의 자아는 나에게 계속 자기주장을 하고 있을 것이고 이러한 주장은 더욱 커 갈 것이다. 이것은 자연스러운 방향으로, 부모님들도 그들의 자녀가 스스로 자신이 내면의 소리를 듣고 좋아하는 것들 찾아가는 과정을 슬기롭게 받아들이기를 원하지 않는가. 이때 부모님들의 '욕심'이나 '바라는 방향'과 다른 경우가 생기는 것이다. 이런 상황에 부딪혔을 때 이제는 내 감정을 숨기거나 행동을 자제하지 않고 표현하는 것이 '사춘기'라고 불리는 것이다. 부모님은 갑작스러운 감정과 행동의 변화에 당황할 것이지만 절대로 '갑작스러운' 것이 아니다. 아이들이 지금까지 참아 왔던 것들이 겉으로 나오는 것이고 이는 꾸준히 싸워 왔고 쌓여 왔던 것들이다. 이때 자신의 감정이나 생각이 잘 받아들여지지 않고 그저 반항으로만 여겨진다면 사춘기 이후의 자녀는 당신과의 대화의 창을 닫고 집에서는 감정 없는 표정으로 단답형으로 "네"만 하는 모습과 휴대폰이나 TV만 보는 모습만 봐야 할 수도 있다.

빨라졌다는 의견에 대해서는 물론 개인차가 있겠지만, 본인은 학기 초 아이들의 성격검사의 방법 중 '애니어그램'을 사용한다. 아이들의 성향을 조금 더 잘 이해하고자 하는 참고자료의 하나로 사용하는데(시중에 이와 관련된 서적과 자료가 많으니 관심 있으신 분들은 한번 읽어 보길 추천한다.) 확실히 모험적인 성향의 아이들의 비율이 증가하긴 했다. 이는 아마 가정의 분위기가 과거보다는 유해지고 표현하는 것에 대에 관대한 성향이 반영된 것이라고 본다. 또한 유튜브 등의 매체를 통해 다양한 세계를 일찍 접하고 많은 사람들이 본인의 의사를 표현하는 방식들을 많이 보아 왔기 때문이라고 생각한다.

나는 이때가 콜버그 도덕성의 3단계(타인시선)에서

4단계(규칙준수)로 발전할 수 있는 계기라고 생각한다. 4단계의 핵심은 규칙을 정해 놓고 이를 지키는 것이다. 이 규칙을 정할 때 따라야 할 것들이 있다. 첫째, 모두가 같이 만든 규칙이어야 한다. 둘째, 아이가 수용할 수 있고 지킬 수 있는 수준이어야 한다. 셋째, 결과에 대해 스스로 책임질 수 있는 시간과 기회를 주어야 한다. 이미 집안에서 4단계를 쓰고 있는 가정의 아이들은 사춘기를 겪지 않거나 슬기롭게 지나가는 경우가 많을 것이다. 하지만 아직 3단계 아니 1, 2단계를 쓰고 있는 가정에서는 엄청난 다툼이 있을 것이다. 4단계는 규칙준수이다. 바로 아이가 '규칙이니까 지켜야지.', '복도에서는 뛰지 않는 것은 선생님이 싫어해서가 아니라, 우리 학교의 규칙이니 뛰지 않아야겠다.'라는 것이다. 그러면 부모님들은 이렇게 생각할 것이다. '규칙을 정해 놓고 지키게 하면 되니까 더 좋구나. 앞으로 1. 숙제 다 하고 놀기, 2. 밥 먹을 때 휴대전화 하지 않기. 등을 규칙으로 세워 놓으면 아이가 지키게 되는구나.'라고 착각하기 쉽다.

 4단계 규칙준수의 핵심은 규칙을 아이 스스로가 충분

히 이해할 수 있고 스스로 지킬 수 있다고 생각하여 스스로가 참여하여 정한 규칙이다. 무작정 "밥은 다 먹기로 했지? 그러니까 다 먹어야지!"라고 한다면 이것은 그냥 1단계이다. 밥을 다 먹지 않으면 혼낸다. 혼나지 않기 위해 먹는다. 이것은 전형적인 1단계이다. 규칙을 세울 때 아이랑 같이 세워야 한다. 밥을 다 먹어야 하는 이유를 충분한 대화를 통해서 이해를 시킨 후 같이 규칙을 정하는 것이다. 어머니가 정성스럽게 요리를 해서 음식을 준비했기 때문에 만든 사람의 성의와 부모님이 힘들게 일해서 벌어 온 돈으로 산 재료기 때문에 맛있게 먹는 게 바르다는 생각이 들어야 하고 그렇다고 하더라도 하나도 남기지 않는 것이 힘들거나 너무 많이 먹는 것이 힘들면, 스스로 음식을 떠서 정한다든지 일주일에 몇 번 정도는 다 먹는다든지 하는 것을 스스로 정하게 하는 것이 좋다. 그 후에 지킨다면 지키는 과정과 노력을 같이 이야기하면 되는 것이다.

사춘기가 '갑자기'라고 느끼는 이유는 아이는 더 높은 단계로 나아가려고 하는데, 부모가 낮은 단계로 아이들을 대할 때 발생하는 것이다. 이렇게 '갑자기' 찾아온 위기는 곧 기회이다. 반가워하고 현명하게 대처한다면 아이는 물론 부모도 함께 성장해 있을 것이다.

공부 못하면 다른 거를 꼭
'죽어라' 해야 할까?

　교사 생활을 하다 보면 안타까운 학생의 부류들이 있다. 아이는 수학이나 영어에 대한 관심과 재능이 전혀 없지만, 부모는 그것을 놓지 못하고, 학원 차에 '희망'을 실어서 아이를 보낸다. "어릴 때는 우리 아이가 공부를 썩 잘했는데요, 고학년 들어 아이가 영 공부도 하기 싫어하고 하고 싶은 게 없다고 하네요." 이런 말을 들을 때면 학부모의 고충도 많지만 아이를 더욱 공감해 주고 응원해 주고 싶다. 어릴 때는 사탕이 좋아서 아니면 혼내는 부모님이 무서워서 공부했거나 혹은 조금 더 나은 경우로는 선생님이나 부모님의 칭찬이 좋아서 공부하는 경우였을 것이다(여기까지가 콜버그 3단계). 점점 클수록 지금까진 해 온 공부의 양보다 수배, 많게는 수

십 수백 배가 되는 한정 없는 공부의 쓰나미를 보고 스스로 되돌아보며 생각해 보았을 것이고, 자신의 의지건 능력이건 공부를 나의 행복으로 두지 않겠다고 생각하고 있을 것이다. 이때 부모님과의 목표의 차이로 자신의 생존을 위해서 '싸움'을 하는 것이고, 나는 이 '싸움'이 오롯이 자녀의 인생의 몫이라고 생각하고 자녀의 승리로 끝나기를 마음 깊숙이 빌어 주고 있다.

이 '싸움'이 길어지면 결국에는 '자식 이기는 부모 없다.'라는 오래된 관용구를 한탄하며 말한다. "그래! 그럼 이제 너 뭐 먹고살래?"라는 말을 할 것이다. "네가 김연아처럼 피겨를 잘해? 아니면 손흥민처럼 축구를 잘해? 예술이나 기술은 쉬운지 알아? 밥 못 벌어 먹고사는 사람들 많아. 이 꽉 깨물고 할 거 아니면 집어치우고, 할 거면 진짜 목숨 걸고 똑바로 해!"라고 말하면 자녀는 오기와 증오가 섞여 있고 뭔가 불안한 눈빛과 함께 "제대로 할게!!"라고 소리칠 것이다. 물론 답답한 마음과 걱정되는 마음에 이런 말을 한다는 거 안다. 이 말을 하고도 돌아서서 후회하고 걱정할 당신들을 위로한다. 하지만 부모님, 당신은 지금 어린 시절 단번에 진로를 정했고, 그 길을 살고 있는가? 모든 일에 목숨을 걸고 했고, 단 한 번도 후회하거나 무서웠던 적이 없었나. 지금 부모님들은 경제적으로 힘들게 살았을 수 있다. 못 먹고 살았고 여유는 없었고 살기 위해 누구보다 처절하게 인생을 살아야 했을 수 있다. 사회생활의 무서움을 세상과 사람을 경계하며 이 꽉 물고 살아왔다. 그래서 아직까지 당신 눈에 솜털 같아 보이는 아이들을 더욱 걱정해서 하는 말일지도 모른다.

큰사람으로 성장하기 위해선 '다양한 경험'이 중요하다는 말에 반대하는 사람은 없을 것이다. 좋거나 싫거나, 기쁘거나 나쁘거나 혹은 행복하거나 쓰리거나 하는 모든 경험이 그 사람의 인생에 도움이 되고 삶을 견고하게 만드는 데 자양분이 된다는 사실은 인생을 조금만 살아 보게 되면 알게 되는 진리 같은 것들이다. 언제나 꽃길만 걸었으면 하는 우리 아이들에게, 인생은 쓴 것이고 세상은 녹록하지만은 않다는 사실을 경고하고 이를 준비했으면 싶을 것이다. 하지만 "세상은 만만하지 않아, 할 거면 똑바로 하고 안 할 거면 하지 마!"라는 말은 당신이 생각하고 있는 의도와 전혀 다른 방향으로 아이들에게 작용할 것이다. '그래! 이 꽉 깨물고 열심히 해 보자.' 하며 최선을 다하는 자녀의 모습을 기대하지만. 자녀는 그 말에 엄청난 부담을 느끼고, 결과를 보여 줘야 한다는 압박감에 결과만을 위해서 본인을 희생하거나 옳지 않은 방법을 택할 수도 있다. 그 경험 자체를 즐기고 경험의 과정에서 나오는 수많은 좋은 것들은 다 놓친 채 말이다. 한 번에 나의 적성과 흥미를 모두 찾아 선택하면 그 얼마나 좋을까? 하지만 그것은 현재 수많은 직업의 종류와 나의 적성과 흥미, 경험을 모두 결합해 본다면 거의 '로또'의 수준이다. 분명히 실패할 것이고 수정할 것이고 번복할 것이고, 되돌아올 것이다.

그럴 때 과연 당신은 자녀를 "어이구, 네가 하는 게 다 그렇지, 맨날 하다가 중간에 포기하고, 끈기도 없이, 네가 그거 한다고 했을 때부터 알아봤다. 처음부터 죽기 살기로 할 거 아니면 내가 하지 말라고 했잖아!"라고 한다면 낭떠러지 앞까지 가서 멈춰 있는 자녀를 밀어 버

칭찬에 춤추던 고래들은 어디로 갔을까 •

리는 꼴이 된다. 다시는 여러분들의 자녀는 당신을 신뢰하지 않을 것이며, 스스로 돌아갈 곳이 없는 사람이라 여기며 벼랑 끝에서 더는 뒤로 갈 수도 돌아갈 수도 없는 압박에 위태위태하게 살아갈 것이다. 영화나 드라마에서 부모의 반대를 무릅쓰고 결혼한 경우를 예로 한번 들어 보자. "내 눈에 흙이 들어가기 전까진 이 결혼 절대 안 돼. 할 거면 너 이 집에서 나가! 다시는 돌아올 생각 말고 거기서 뼈를 묻어. 너 어디 부모 반대하는 결혼 잘 사는지 두고 보자."라는 이 세상 가장 악랄한 악마가 있다면 할 법한 온갖 저주를 다 퍼붓는다. (물론 속마음은 다르겠지만 그런 말을 입 밖으로 내뱉고도 그런 속마음을 알아주기를 바라는 건 욕심이다.) 그러면 정말 결혼생활이 힘들거나 배우자가 바람을 피우거나 폭력을 행사하고 도박과 마약을 일삼을 때도 그 '저주'를 생각하며 이 악물고 자신을 스스로 찔러 가며 버틸 것이다. 따뜻한 부모의 품으로 돌아오는 것이 아니라 세상과 당신에게 저주를 퍼부으며 자신을 갉아먹으며 인생을 버틸 것이다.

딴짓 예찬

　여러분들은 딴짓을 어떻게 생각하는가. 딴짓을 많이 하는 아이는 '정서가 불안하고 집중력이 없으며 학습 능력이 떨어진다.'라고 생각할 것이다. 나는 전혀 다르게 생각한다. 먼저 '학습'에 관해서 물어보고 싶다. 여러분들이 말하는 '학습'이 국어, 영어, 수학인가. 아니면 음악, 미술, 체육까지도 포함해 주는 것인가. 그렇다면 전구 갈기, 청소하기는 어떤가. 흔히 어른들은 이야기한다. '쓸데없는 짓 하지 말고 공부나 하라'고. 여기서 '쓸데없는 짓'은 무엇일까? 말 그대로 '쓸데'가 없는 행동이다. 어디에다가? 무엇을 위해서? 쓴다는 말일까.

　'쓸데'라는 말은 언제 어디서 어떻게 쓴다는 목적이 정해지지 않으면 내 행동이 이에 맞지 않을 때 쓸데가 없어진다. 예를 드러나는 지금 자동차 고치는 기술을 배우고 스스로 정비할 수 있지만, 차가 없거나 차에 관련된 일을 하지 않는다면 이것은 아무짝에도 쓸모없는 기술이 되는 것이다. 공부에도 이런 말들을 듣거나, 해 보았을 것이다. "아니 나는 도대체 외국인을 만나지도 않을 것이고, 만날 가능성도 없어서 영어가 천지 쓸데가 없는데 도대체 왜 배워야 하는 거야?" 필자도 토익을 공부하며 '도대체 이런 단어는 언제 쓰고 어디다 쓰려고 외우는 거지?'라고 생각한 적이 있다. 그냥 토익 점수를 잘 맞기 위해서는 본목적이 될 수 없다. '은전 한 닢'이 아니다. 언어는 읽고, 쓰고, 듣고, 말하며 의사소통하기 위해서 쓰이는 것이다. 점수가 필요하다는 사람들도 토익 점수는 회사를 들어가기 위한 하나의 수단이지 영어 공부를 하는 목적이 될 수 없다. 회사에 취직하지 못하면 그 토익 점수는 쓸모없어지는 것이다. 이에 있어서 수학도 자주 거론되는 과목 중의 하나이다. "아니 더하기 빼기만 할 줄 알면 사는 데 아무 지장이 없는데, 왜 미분 적분을 배우고 이런 쓸데없는 짓을 하는 거야?" 수

학과를 전공하는 몇몇 학생을 제외하고는 미분 적분이 내 인생에 절대적으로 쓸데없다는 사실은 모두가 공감할 것이다.

이에 대해서 어떤 이들은 이런 반박을 할 것이다. 어릴 때는 내가 무엇을 좋아하는 줄 모르고 나중에 커서 무엇이 될 줄 모르니, 수학이나 영어 정도는 기본으로 해 놔야 한다고 말한다. 그래야 내가 나중에 진짜 하고 싶은 것이 있으면 할 수 있다고, 그때 가서 하면 늦다고 20살이 되면 대학에 가야 하고 대학생이 되어야 한다는 우리의 인식 속에서는 늦다는 개념이 더욱 크게 자리를 잡고 있을지도 모른다. '공부에는 나이가 없다.', '만학도'라는 말을 알고는 있지만 내 자식에게 적용하고 싶지는 않은 단어일 것이다. 나중에 커서 무엇이 될 줄 모른다는 것으로 치자면 미용 기술을 배워 두는 것이나, 목공 기술을 배워 두는 것도 훗날을 위해 굉장히 유용하게 쓰이거나 미래의 직업이 될 수도 있을 텐데 그것을 권하는 부모는 많이 없을 것이다. 기술은 직업을 갖지 않아도 내가 살면서 쓸 수라도 있지, 미분 적분은 전혀 쓸모없어질 수가 있는데. 이러한 정서와 말들을 종합해 보면 '쓸데 있는 것'은 시험에 나오는 것, 또는 대학에 잘 들어가기 위하거나 좋은 직업을 갖기 위한 도구로 쓰이는 것이다.

다음 그 뒤에 오는 말 '공부나 해라.'의 '공부'라는 것은 크게 1. 경험적 공부와 2. 학습적 공부로 나뉘는데, 앞의 경험적 공부는 공부로 치지 않는 것 같다. 오히려 나는 '경험적 공부'가 훨씬 중요하다고 생각하고 이게 바로 학교에 오는 이유라고 생각한다. '경험적 공부'는 공부할 수 없는 지식이다. 직접 몸으로 부딪쳐 깨달아야 하고, 변수가 너무 많아서 한 번 깨달은 것들도 쉽게 적용하거나 내 것으로 만들기 힘들다. 또한 혼자서는 힘들고 여러 사람과 함께여야지 가능하다. 학교에 와서 친구들과 함께 무엇을 만들어 보거나, 만드는 과정에 다투기도 하고, 협동하기도 하여 결과물을 내고 하는 일련의 과정들이 '경험의 공부'이다. 반대로 '학습적 공부'는 동영상 강의나 책을 통해서 스스로 학습이 가능하고 검색만 하면 언제 어디서든지 배울 수 있다. 코로나 2년을 통해 부모님 모두가 등교하지 않고 집에서 하는 학습을 겪어 보았을 것이다. 집에서도 학습적 공부는 가능하다. 오히려 더 질 좋은 전국 명강사의 강의도 들을 수 있다. 하지만 아이들과의 이야기, 학교에서의 생활, 습관 등을 수강할 수는 없다. 집에서 경험적 지식을 신경을 쓴다고 하지만 이것을 온전히 부모의 몫으로 돌리기엔 너무나 큰 부담이고 그 다양성의 측면에서는 한계가 있다. 모두 종합해 보면, '수능이나 좋은 직업을 얻는 데 필요한 지식을 습득하는 일'만을 '쓸데 있는 일'로 여기고 이를 강의나 책을 통해서 하는 것을 '공부'라 여기는 것 같다. 이것 말고는 하지 말라는 것이다.

그럼 다시 돌아와서 '딴짓'에 대해서 곰곰이 생각해 보자. 실제로 반에서도 수업은 뒷전이고 맨날 딴짓만 하는 아이들이 있다. 종일 레고만 만지는 아이, 모든 책에 그림을 그리는 아이 등등 종목은 다양하다. '딴짓'이라는 것은 지금 내가 하는 일 말고 다른 일, 다르게 말하면 지금 이것 말고 내가 관심이 있거나 좋아하는 일이다. 학창 시절 부모님이나 선생님의 지시에 의심 없이 잘 따르는 친구들과는 다른 '내가 관심이 있는 일'이 무엇인지 아는 상태이다(엄밀하게 말하자면 '짓'이 포함되어 있으니 그것을 실천하는 상태라고 해야겠다). 자나 깨나 앉으나 서나 생각나는 그런 일이 있다는 것이다. 여러분들이 '당구'나 '테트리스'를 처음 배울 때를 한번 생각해 보라. 천장에 공들이 돌아다니고, 빨간색 긴 맛살만 나오기를 기다리지 않았는가? 온 세상이 이렇게 보일 것이다. 이는 집중력 면에서도 굉장히 뛰어난 것이다. 주의 친구들이나 선생님의 수많은 질타와 방해에도 불구하고 오로지 그 딴짓을 할 수 있는 주제에 몰두하고 있다. 누가 부르거나 선생님이 소리쳐야 깰 수 있을 만큼 집중하고 있다.

'덕업일치'라는 말을 들어 보았는가. 덕(내가 좋아하는 것, 흔히 덕질이라고 표현한다.)과 업(나의 직업)이 일치하는 것이다. 대학교 때 새벽에 졸린 눈을 비비며 억지로 새벽에 일어나 박지성(지금은 손흥민이 되었지만)의 축구 경기를 본 적이 있다. 그 새벽에도 불구하고 축구를 해설하는 해설가와 아나운서의 목소리가 정말 즐겁고 신나게 느껴졌다. 실제로도 이 가슴 벅찬 순간을 해설한다는 것에 감격하며 신나게 해설하였다. 또 화면에 잡힌 모든 선수의 프로필과 사연을 구구절절 설명하는 순간, 나는 '도대체 어떻게 저런 것까지 알지.' 하며 감탄하며 진짜로 그 일을 좋아해서 하는 것이란 저런 것이구나 생각했다. 그 해설가와 캐스터의 얼굴은 행복해 보였다. '내가 이 중요한 경기에 한국 선수가 나오는 순간을 해설하고 있다니'의 표정이었다. 나는 '딴짓'을 굉장히 예찬한다. '딴짓을 하는 아이'는 집중력이 없이 정서가 불안하고 학습 능력이 떨어지는 아이가 아니라. '자발적으로 본인의 꿈을 향해서 열심히 나아가고 있는 아이'라고 본다. '덕업일치'가 가능한 아이의 행복한 삶을 끝까지 응원해 주고 싶다.

어린이에게 '화'를 내지 마세요

이번에는 '화'를 내는 것에 대해서 한번 생각해 보자. '화'를 내면 좋지 않고, 내 안의 '화'를 다스리지 못하는 사람은 지나치게 감정적이거나 다혈질의 사람으로 보일 뿐 아니라, 혈압이 높아지고 가슴이 뛰고 아드레날린의 과다 분비로 인해 건강과 관련된 측면에서도 좋지 않다. 예로부터 '화'를 잘 다스리는 사람은 성인이나 군자 등으로 존칭했고, 여기까지 가지 않더라도 어른이 되는 과정에서 자신의 '화'를 다스린다는 것은 올바른 어른으로 커 간다는 일종의 증거이기도 했다. "예전에는 이런 일에 참지 못하고 화가 났어!, 옛날이면 쉽게 흥분했을 일을" 세상을 살면서 어릴 때 목숨과도 같이 생각했거나 집착했던 것들이 시간이 지나고 나면 별것 아니라는 생각과 스스로 다양성을 인정하는 면에서 좀 더 관대함을 가졌기 때문일 수도 있다.

학교에서 3월이 되면, 특히나 3월 2일 개학식에 주변의 경력이 있는 선배 선생님들이 신규 선생님에게 항상 하는 말이 있다. "3월 한 달간은 이빨 보이지 마라. 3월을 잘 잡아야 아이들이 잘 따라온다. 무서운 선생님이 되어야 아이들이 널 만만하게 보지 않는다."라는 말들을 한다. 나도 초반에는 이런 말들을 듣고 시도해 보았다. 그런데 나와는 맞지 않았다. 그냥 성격상 엄한 표정을 지으면서 화가 나지도 않았는데 화를 낸 표정과 말투로 이야기하는 것을 좋아하지 않는 것도 있지만, 시간이 지나면서 '첫인상'이라는 것이 굉장히 중요하다고 생각하였고, 첫날은 선생님에게도 중요한 날이지만 아이들에게는 더욱 긴장되고 중요한 날이란 것을 알게 된 이후로는 더더욱 나에게 맞지 않는 옷을 입으려 하지 않았다. 첫날 아이들은 가만히 있어도 선생님의 눈치를 보고, 그 전날부터 '어떤 선생님과 1년을 생활할까? 어떤 아이들과 1년을 생활할까?'라는 걱정에 한숨도 못 잤

칭찬에 춤추던 고래들은 어디로 갔을까 •

을 것이며, 첫날의 우리 반의 분위기와 사람들을 통해서 1년을 얼마나 즐겁고 희망차게 생활할지 다짐을 할 것이며, 행복감 또는 불행한 마음으로 1년을 상상하게 될 것이다.

만만하게 보이지 않으려고 화를 내는 것이 얻는 것보다 잃는 것이 많았다. 그러면 어떻게 어수선한 분위기를 잡고 아이들을 훈육할 수 있을까? 아이들에게 '나의 담임 선생님이 어떤 분이었으면 좋겠는가?' 물어보면, 많은 수의 아이들이 '재미있으면서 단호한' 선생님을 우선으로 꼽는다. 어렵다. 숙제를 안 주는 선생님도 아니고 자상한 선생님도 아니다. 그냥 재밌기만 해도 안 된다. '재미있는'은 이해 가겠는데 '단호한'은 왜 그럴까? 무서운 것과 단호한 것은 다르다. 무서운 것은 아이들을 불안하게 만들고 단호한 것은 아이들과 반의 분위기를 안정적으로 만든다. 교훈을 줄 수 있고 감동을 전할 수 있다. 오히려 화를 내지 않아야 단호할 수 있다.

사람은 정말 '이성'적인 동물일까. 인간은 '이성'적으로 행동하는 경우가 많을까, '감정'적으로 행동하는 경우가 많을까? 내 경험을 미루어 보면 나는 인간을 움직이는 것은 이성이 아니라 '감정'이라고 확실하게 말할 수 있다. 수많은 데이터를 분석하고 이유를 찾아서 냉정하게 옳은지 그른지 판단 후 이성적으로 행동하는 경우보다 감정으로 행동하는 경우가 많다. 예를 들어, 내가 줄을 서 있는데 누가 새치기를 한 경우를 보자. 온 차례대로 하는 것이 맞고 모두에게 공평한 것이니 새치기는 나쁜 것이고 충분히 화를 낼 만한 것이기 때문에 이성적으로 생각해 화가 나는 것이다. 논란의 여지가 없다고 생각할 수 있다. 그러면 학교에서 예를 보여 주겠다. 급식 먹을 때 줄을 선다. 내가 번호를 정해 주고 순서를 정해 줘도 어딜 가나 그렇듯, 새치기하는 아이들은 있다. 그런데 이 새치기에 대한 반응을 보고 내가 놀란 적이 있다. 아이들은 자기가 싫어하는 아이가 새치기하면 소리를 지르며 화를 내고 싸우고 선생님에게 이른다. '아니 새치기를 했으니 당연한 거 아니야?'라고 생각할 수 있겠지만, 다른 한쪽에서는 늦게 온 아이인데 자기가 평소에 친해지고 싶거나 좋아하던 아이를 자기 앞에다가 세우려고 자진해서 "내 앞으로 올래? 나랑 같이 먹자."라며 자리를 양보하는 광경을 볼 수 있다.

과연 아이들만 그럴까? 한번 상상해 보자. 무더운 여름 놀이기구를 타려고 2시간을 땀을 뻘뻘 흘리며 기다렸다. 드디어 내 차례가 왔다. 그런데 어떤 사람이 내 앞에 끼어들었다. 화를 낼 것인가? '무슨 당연한 소리를 하냐? 당연히 화날 만한 상황이지 않나?'라고 할 수 있다. 근데 그 사람이 '박보검'이었다면? '아이유'였다면, 화를 내려고 어깨를 툭 쳐 보니, 공유가 돌아보고 김태희가 웃고 있다면? '다 사정이 있겠지.'라고 생각할 것이다. 나아가 "새치기해 주셔서 감사합니다."라고 할 수도 있다. 짜증나고 힘든 날이 아니라 그날이 내 인생 최고의 날이 될 수도 있다. 이래도 사람이 이성적인 동물인가. 화낼 만한 이성적인 상황이 아니라 화낼 만한 감정적인 상황과 사람이 있다.

마찬가지로 아이에게 '화'를 내는 상황은 아이가 숙제를 안 했거나, 친구들과 싸웠거나 하는 상황이지만, 아이가 미운 행동을 지속해서 아이에게 감정이 안 좋을 때 더욱 '화'를 낸다. 평소에 100번 숙제를 잘해 온 아이에게 한 번 안 하는 상황이 나왔다고 해서 화를 내지 않는다. 내가 여행을 가고 선물을 받은 기쁜 상황에 아이가 숙제를 안 했다고 해서 쉽게 화가 나질 않는다. 반대의 상황에서 '화'를 내기 시작했다면 이때는 이미 감정이 '화'를 지배한 것이다.

문제는 이 상황에서부터이다. 미국의 사회심리학자 레온 페스팅거의 '인지부조화 이론'에서는 '내가 생각하는 것'과 '내가 행동하는 것'이 차이를 보이는 경우 이 부조화에 혼란을 느끼고 어느 한쪽을 선택해서 조화를 이루도록 일치시키는 선택을 한다는 것이다. 행동을 수정하는 때도 있고, 생각을 수정하는 때도 있다. '화'의 경우는 무엇을 수정할 것인가. 그 과정을 한번 살펴보자. 1. 내가 화를 냈구나. 2. 내가 평소에 화를 내는 그런 몰상식하거나 이중인격적인 사람이 아닌데 왜 그러지? 3. 나는 나쁜 사람인가? 아니야, 내가 나쁜 사람일 리 없어. (여기서 강한 인지부조화가 발생한다. 화를 내는 건 나쁜 사람 ≠ 나는 착한 사람) 4. 그렇다면 당연히 아이가 내가 '화'를 낼 만한 행동을 했기 때문이다. 5. 그래! 이거다, 나는 착한 사람이지만, 아이가 나쁜 행동을 해서 화를 낸 것이다. (인지조화 완료)

이런 일련의 과정으로 아이는 나쁜 행동으로 나를 '화'나게 만든 사람이다. 그렇게 "왜! 숙제 안 했어? 내가 하라고 했지!! 넌 도대체 말은 안 듣냐?" '화'를 내기 시작하면 걷잡을 수 없이 번져 더 화를 내게 된다. 1. 화를 낸다. 2. 내가 사소한 일에 화를 내는 사람인가? 3. 아니다. 나는 큰일이나 중요한 일에만 화를 내는 사람이다. (여기서 인지조화를 위해 아이의 일을 크게 만들어야 한다.) 4. 그럼 이것은 아이가 엄청나게 큰 잘못을 한 것이다. 5. 그럼 나는 화를 내야 한다는 사고 과정을 거친다. 내가 먼저 '화'를 내서 아이가 엄청나게 큰 잘못을 하게 된 것이다. 그런데 여기서 다시 한번 생각해 보자. 숙제 한 번 안 한 게 그렇게 큰 잘못인가. 아니지 않나? 그렇다면 나는 여기서 한 번 더 인지부조화를 겪게 될 것이고, 이는 항상 나를 우선으로 방어하는 쪽으로 향한다. 별것 아닌 일에 화를 내는 사람이 되는 것보다 일을 크게 키우는 편이 좋다. "너는 도대체 한 번 말을 하면 들어먹질 않니, 도대체 이번이 몇 번째야! 내가 똑같은 말을 몇 번을 해야겠니? 방 꼬락서니는 또 이게 뭐야, 내 말을 귓등으로 들어? 너 이거 내가 저번에도 말할 때 눈 똑바로 뜨지 말랬지!" 이 잔소리는 끝날 줄을 모르고, 아주 아이를 대역죄 내란죄 반란죄 능지처참, 5대를 멸할 죄인을 만들고 나서야 서서히 잦아든다. 왜냐면 나는 사소한 일로 화를 내는 사람이 아니니까.

여기서 다른 상황을 한번 가정해 보자. 아이가 숙제를 안 한 이유가 있었다면? 동생이 매우 아파서 동생과 병원을 갔다가 오느라 못 했다면? 이는 숙제 안 한 것을 꾸짖기보다 칭찬을 해 줘야 하는 상황이다. 그런데 이미 나는 '화'를 냈다. 여기서 아이에게 바로 사과할 수 있을까? "아이고, 그랬구나! 내가 미안해. 오해했네."라고 말해야 하지만, 현실은 "그럼 나한테 전화를 했어야지! 왜 혼자 동생을 데리고 가고 말고 안 하고 그래!" "갔다 와서 숙제하면 되지 그게 무슨 핑계야!" "온종일 거기만 있

칭찬에 춤추던 고래들은 어디로 갔을까 ●

었어? 너 말대꾸하지 말랬지!"이다. 당신이 못된 사람이라서가 아니라 인지부조화를 느끼는 순간 자신이 못난 사람이 되는 것을 선택하는 사람은 많지 않다. 지극히 자연적인 현상이다. 이래서 '화'를 내지 말라는 것이다. '화'를 내지 않으면 아이의 이야기에 조금 더 귀 기울일 수 있고, 조금 더 친절하게 대하며 그 상황을 공감하여 같이 생각해 볼 수 있다.

'화'를 내면 아이가 무서워서 다시는 나쁜 행동을 안 할까? 스스로 반성하여 앞으로 착한 사람이 될까? 아니면 '화'만 내고 내 이야기를 하나도 들어주지 않는 어른들을 보며 더욱 악한 마음을 먹을까? '화'를 낸다는 것은 선전포고를 한 것이다. '싸움'을 걸었고, 이 '싸움'에서 나는 반드시 이길 것이고 절대 지지 않을 것이다. 왜냐면 나는 그냥 아무 이유 없이 '화'를 내는 사람이 아니기 때문이다. 이 싸움에서 지면 나는 그런 사람이 된다. 그래서 질 수 없다. 이겨야 한다. 이유 없이 무조건 이겨야 한다. 그런데 상대는 '아이'이다. 이런 아이를 상대로 싸움에서 진다면, 순수하고 착한 아이에게 '화'를 낸 철없고, 이상한 어른이 되는 것이다. 그래서 아이와의 싸움은 더 질 수 없다. 화를 냈으니 이겨야 하고 이겨야 하니까 화를 내고, 화를 내다 보니 더 화가 나고 화를 더 내고 화만 내고.

내 자식은 부족한 것 없이 살게 하고 싶다

"저는 어렸을 때 형편이 넉넉하지 못해 끼니를 거르기 일쑤였고, 라면 하나로 물을 한강처럼 부어서 물로 배를 채웠어요.", "점심시간에 친구들은 맛있는 고기반찬이나 햄 반찬을 따뜻한 보온 통에 흰 쌀밥과 함께 싸 왔어요. 저는 김치 반찬에 식은 밥을 꺼내기 부끄러워 한없이 작아졌어요." 요즘 세대들에게 이런 에피소드는 정말 눈이 휘둥그레질 정도로 낯선 일이 되었다. 우리는 물질 풍요의 시대에 살고 있다. 대부분 현대인은 밥을 못 먹어서가 아닌 밥을 너무 많이 먹어서 비만이 되고 각종 성인병에 시달린다. "아이들이 밥을 많이 먹어서 문제예요. 밥을 안 먹어서 걱정이에요."는 있어도 "밥이 없어서 문제예요."는 점점 찾아보기 힘들다.

실제로 교직에서 급식 지도를 해 보면 아이들이 "배불러요. 집에 가면 맛있는 거 더 많아요. 급식은 맛이 없어요."라든지 "스파게티는 토마토보다는 베이컨 크림이 좋아요. 이건 소스가 별로여서 남길래요." 등의 정말 '배부른' 소리를 한다. 학교 오면 집에 가는 시간과 점심시간만 기다리는 우리 부모님들의 세대와는 확연히 다르다. 밥 굶기는 집은 거의 없고, 가정형편이 안 좋다고 하더라도 아동을 위한 복지가 꽤 잘 마련되어 있거나, 무상급식의 증가로 정말 말 그대로 '밥 굶을 일'은 거의 없다. 예전에 비하면 정말로 부족한 것이 '물질적'으로는 없어 보인다.

아직도 우리 현대사회에서 널리 쓰이는 인사말로 "밥은 먹었니?"라고 한다. 정말 밥 먹고살기 힘들 때의 관습이 아직 남아 있다. 특히 어르신들을 만나면 '밥 먹는 것'에 더욱 집착하며 밥을 잘 먹고 다니는지, 먹었다면 '제대로' 먹었는지 확인하며 무슨 일이 있어도 반드시 밥은 먹고 다니라 말씀하신다. 또한 (古) 정주영 회장이나 예전 기업의 CEO들의 성공담을 들어 보면 다들 어렸을 때 찢어지게 가난했다는 이야기가 필수적으로 있다. 찢어지게 가난해서 그 가난을 탈피하기 위해서 살을 찢는 고통을 참으며 나도 언젠간 매일 고기를 먹는 삶을 살 것이라는 꿈을 꾸며 살았고, 다 기울어 가는 집과 물이 새고 곰팡이 악취가 가득한 집에서 퇴근길마다 저 멀리 빛나는 빌딩을 보며 내가 언젠간 저기 제일 높고 빛나는 곳에서 살리라 다짐하며 악착같이 살았다는 이야기들이다. 요즘 CEO들의 자서전이 나온다면 이런 물질적 결핍의 이야기는 공감하기 힘든 억지스러움이 느껴질 것이다.

'부족하게 사는 것'이 나쁜 것만은 아니라는 생각이 든다. '결핍'이라는 것은 어떤 것을 가지기 위한 강한 집념을 만들어 낸다. 결핍으로 인해 목표가 생기고 그 목표를 이루기 위해 노력하고 이러한 노력은 내 인생 전반에 걸쳐 영향을 미치게 되어 내 인생의 좌우명이 되거나 그 사람이 살아가는 데 첫 번째 가치가 된다. 가난의 결핍이었던 사람은 먹고사는 것에, 가정의 행복이 결핍이었던 사람은 사람들의 평화와 화목에, 시간이 결핍이었던 사람은 여유롭고 자유로운 삶에, 자유가 결핍이었던 사람들은 자유로운 삶에, 각자 최우선의 가치를 두고 그 가치를 이루기 위해 최선을 다해 살아간다.

또 다른 측면의 결핍의 좋은 점을 찾아보자. 예를 들어 언제 어디서나 원하는 것을 마음대로 가질 수 있는 아이가 있다고 가정해 보자. 이 아이는 매일 갖는 것들의 소중함을 모를 것이다. 내가 원하면 언제든지 부모님이 해 주었고 가지게 해 주었다. 한 번도 부족하거나 뜻대로 되지 않는 삶을 경험해 보거나, 이러한 삶에 대해 공감해 본 적이 없다. 이것이 내 삶의 습관처럼 자라 왔던 아이는 자기가 마음에 드는 것이 있을 때 가지지 못하는 상황이 온다면 어떻게 될까? 늘 내가 필요한 것은 쉽게 가져왔었는데 갑자기 그렇지 못한 상황이 온다면? 물건은 그렇다고 쳐도 만약 이것이 물건이 아니라 사람의 마음이라면 문제는 더 커질 것이다. 세상을 어느 정도 살아 본 이라면 사람의 마음이 좀처럼 내 마음대로 되는 일이 없다는 것쯤은 알 것이다. 이러한 돌발 상황에 이 아이는 어떻게 대처할까? 세상에는 분명 노

력해도 가지지 못하는 것이 있고, 못 가지는 것을 받아
들여야 하는 상황이 올 텐데.

반대의 예로 아이스크림을 정말 먹고 싶지만 매주 토
요일마다 원하는 아이스크림을 하나만 사 먹을 수 있는
아이가 있다고 가정해 보자. 이 아이는 토요일이 되기
만을 간절히 참고 기다릴 것이다. 토요일이 되기 전에
이번에는 어떤 아이스크림을 사 먹을지 수많은 선택지
를 두고 고민을 했을 것이며 먹어 보는 상상을 했을 것
이다. 빨리 토요일이 되었으면 하며 기도하고 기다리며
인내했을 것이다. 마침내 토요일이 되었을 때 본인이
선택한 아이스크림을 얻었을 때의 진짜로 맛있는 아이
스크림이라면 그 기쁨을 말로 표현할 수 없을 것이며,
만약 맛이 없는 아이스크림을 선택했다면 왜 그런 선택
을 했는지 스스로 반성하며 연구하여 다음번 기회를 노
릴 것이다.

여기서 아이는 메타인지를 경험하게 된다. 즉, 스스로
의 능력과 행동을 생각해 보고 결과를 예측해 본다. 또,

여러 가지 상황과 다른 사람들의 처지를 생각해 볼 기회를 얻게 된다. 이런 메타인지를 통한 본인의 분석 및 타인의 공감은 콜버그의 5단계 타인배려로의 접근 가능성을 열어 준다. 자신의 입장을 깊이 통찰하지 못하는 사람이 타인의 입장을 생각하기는 매우 어렵다. 나의 결핍을 통해 타인의 삶, 타인의 입장을 공감해 보고 생각해 볼 수 있는 기회를 얻는다. 공감은 배움의 지식이 아닌 경험을 지식을 통해서만 배울 수 있다(입장 바꿔 생각해 보란 말을 모르는 사람은 없다. 하지만 그만큼 실천이 어려운 말도 없다.). 이렇든 결핍은 참고 인내하는 법을 배우고 스스로 연구하고 공부하며 선택하는 법을 배우고 그 선택에 책임을 지는 법을 배운다. 부족함을 스스로 채울 기회를 줄 텐가, 부족함 없이 키우며 그 기회를 빼앗아 갈 텐가?

민수 엄마는 좋겠어,
그 집 아들 공부 잘해서

"민수 엄마는 걱정이 없겠어. 그 집 아들 공부 잘하니 얼마나 좋아!"라는 말을 듣는다면 민수 엄마는 종일 밥을 먹지 않아도 배가 부를 것이다. 민수가 예뻐 보이고 민수의 생활에 대해 굉장히 만족스러워하며 민수가 대견할 것이다. 오늘은 이런 민수의 마음에 한번 들어가 보자.

민수의 시험 성적은 좋다. 매번 백 점을 맞아오거나 한두 개 정도 틀리기 일쑤다. 100점 맞은 민수의 기분은, 당연히 좋을 것이다. 왜 좋을까? 내가 정말 열심히 노력해서 궁금했던 것들을 공부하고 지식을 습득하고 잘 알게 되어서일까? 이러한 공부의 결과로 100점이 나와 스스로가 대견해서일까. 100점이란 뜻은 잘 배웠다는 뜻, 배운 것을 잘 안다는 뜻이다. 그런데 진정으로 내가 공부한 노력과 지식을 얻는 것에 대한 기쁨이 있는 아이라면 100점이 나오든 나오지 않든 별로 신경을 쓰지 않을 것이다. 새로운 것을 배우는 것이 기쁘고, 모르는 것을 탐구하는 것이 기쁘고, 배움에는 끝이 없어 더 배우고 싶은 마음으로 가득 찰 것이다. 알게 되는 것이 기쁘다면 100점이기 때문에 기쁜 것이 아니라 더 배울 것이 남아 있어서 기뻐야 한다.

그런데 '100점'이라는 '점수'가 기쁘다면, 일단 100점과 그 지식을 완벽히 이해했다는 것은 다른 의미이다. 1번부터 5번까지 중에 확실히 아닌 것 하나만 알면 나머지 4개를 몰라도 그 문제를 맞힐 수 있고, 원리는 완벽히 이해하지 못해도 답은 쓸 수 있는 경우는 많다. 대부분의 학생의 경우 '지식 탐구의 기쁨'보다는 100점을 맞은 순간 '점수가 주는 주변 사람들의 시선과 대우의 행복'에 감격하고 있을지도 모른다. 내가 완벽히 이해하지 못하고 있는 것들도 있다는 사실이 들키지 않고 이번 시험이 무사히 지나간 것에 '안도'하는 것이다. 동시에 '불안'할 것이다. 다음 시험이 있기 전까진 '100점 맞은 아이'로 대우 받고 살다가 이것을 잃어버릴 수도 있다는 '불안'감을 늘 갖고 살 것이다. 게다가 100점 시험지를 받은 부모님이 세상 모든 것을 가진 것처럼 행복한 표정을 짓고 있을 때가 떠오르면 그 부담감을 온전히 감수할 수 있는 아이는 없다.

내가 알고 있는지 모르고 있는지 잘 아는 것, 이것을 '메타인지'라고도 하는데 이 메타인지가 잘되는 아이들은 '공부'를 잘한다. 모르는 것이 무엇인지 알기 때문에 그것을 찾아 계획을 세우고 탐구하며 공부할 수 있고, 그 부분을 보충할 수 있다. 완벽히 알 때까지 충분히 공부할 수 있고 이러한 아이들은 시험 점수를 어느 정도 예상할 수 있을 것이며 사실 '타인에 의한 시험'은 필요 없다. 몇 점을 맞을까 걱정하거나 불안해하지도 않을 것이다.

그렇다면 '불안'해하는 아이들은 왜 그럴까? 이 부분

은 주변 어른들의 영향이 꽤 크다고 본다. 100점을 맞은 아이가 어떻게 공부하고 어떤 것을 알고 또 모르는 것이고, 무엇이 더 공부하고 싶은지 대화를 나누지 않는다. '100점' 그걸로 더 이상의 말이 필요하지 않다. 학부모 상담을 하게 되면 교우관계 다음으로 아이들의 성적을 궁금해한다. 요즘 초등학교는 등수나 점수가 나오지 않고 서술형으로 성적표가 나간다. '두 자릿수 나눗셈을 잘할 수 있음.'이라거나, '우리 고장의 특징을 잘 설명할 수 있음.' 등의 식으로, 학부모님들에게 이렇게 성적표가 나가면 "선생님, 그래서 몇 점 정도 되나요? 반에서 어느 정도 되나요?"라는 질문을 하신다. 어떤 구체적인 내용을 아는가보다는 몇 점인지? 몇 등인지 수치화된 것을 알고 싶어 하신다. 아직 학부모님들은 구체적 평가가 아닌 점수로 표현하고 받아들이는 것에 익숙하다.

반대 상황을 한번 가정해 보자. 우리 자식이 0점을 맞고 들어왔다. 그러면 어떤 기분이 드는가? 아이가 모르는 것에 대한 걱정보다는, 부끄러움 또는 창피함이 먼저 떠오를 것이다. 이 부끄러움과 창피함은 왜 드는 감정

칭찬에 춤추던 고래들은 어디로 갔을까 •

일까, 아이들이 내용을 몰라서이거나 공부를 제대로 안 해서가 아니다. 어른들은 항상 수업 시간에 말한다. 모르면 손을 들고 물어보라고, 모르는 것은 잘못이 아니라고. 논어에서는 "아는 것을 안다고 하고 모르는 것을 모른다고 하는 것'이 공부다."라는 말을 했다. 모르는 것이 있으면 모른다고 하고 배우면 그만인 것이다. 하지만 0점이 주는 '부끄러움'이라는 감정은 '남이 알까 봐.' 또는 '남이 우리 아이를, 그리고 부모를 어떻게 생각할까 봐.' 부끄러운 것이다. 0점이라는 점수는 다른 사람들에게 자식을 제대로 키우지 못하는 부모로 보여진다고 생각할 수 있다. 이에 주변에 괜찮은 학원을 수소문해 볼 것이고 이 점수를 좋게 만들고 싶을 것이다.

이때 아이들은 이러한 부모의 마음을 정확하게 눈치챈다. '점수가 낮은 나를 부끄러워하는구나.'라고 생각하는 아이는 앞으로 모르는 것을 절대 모른다고 할 수 없고 어떻게든 높은 점수를 보여 주려고 할 것이다. 문제는 여기서 자기 자신에게도 최면을 건다. 정확하게 알지 못하더라도 맞은 문제는 좋은 것이고, 틀린 문제는 무조건 나쁜 것이다. 논어에서 말하는 공부와는 전혀 반대 방향으로 자라고 100점이 나오더라도 완벽히 이해하지 못한 부분에 대한 불안감과 다음번에도 높은 점수를 받아야 한다는 부모의 기대감이 더해져 탐구에 대한 순수한 즐거움과 열의는 사라지고 자신감마저 사라질 것이다. 모든 시험은 내가 공부한 것을 확인하는 수단이 아닌 결과가 될 것이고 이는 시험이 두렵게 다가오고 점수로 보이는 것에 대해 긴장감을 느끼고 살게 될 것이다.

그렇다면 어떤 태도가 아이에게 도움이 될까? 실패한 아이들에게는 정확하게 어떤 점이 부족하고 어떤 점을 보완하면 되는지 하나하나 같이 찾아보고 그 실패를 극복할 수 있도록 옆에서 조력자 역할을 하면 된다. 이때 처음부터 같이 찾으면 어른들이 틀린 부분을 다그치거나 혼낸다고 생각할 수 있어 먼저 아이에게 스스로 찾을 수 있는 시간을 주는 것이 좋다. 다시 한번 말하지만, 점수를 고치는 것이 아니라 정확한 부분을 짚는 것이 중요하다. 수학 점수를 50점에서 60점으로 올리는 것은 오래 걸린다. 난이도나 문제에 따라 자주 바뀌기도 한다. 하지만 2자릿수 더하기 2자릿수를 정확하게 알게 하고 가르치는 것은 충분히 가능하다. 반대로 100점 맞은 아이에게는 어떻게 대해야 할까? 마찬가지로 정확하게 모두 알아서 그 점수를 맞은 것인지를 같이 확인하고 아니라면 같은 방법을 사용하면 되고 맞다면 "더 공부하고 싶은 것은 없니? 뭐가 가장 재미있었니?"의 질문으로 아이들이 스스로 공부하는 즐거움을 이어 갈 수 있게 해 주면 된다.

아이들을 가르치다 보면 아이들은 교사가 하는 말보다는 교사의 행동에서 더욱 많이 배운다. 교사의 밝게 웃는 모습이나 긍정적으로 사건이나 아이를 대하는 모습에서 더 많은 마음의 움직임이 있다. 그리고 특이한 점은 교사가 실패(실수)하는 것을 굉장히 좋아한다. 선생님이 실패한다는 것에 대해 새로운 충격을 받고, 실패를 인정하고 사과하는 모습에서 '아~! 선생님도 실패하는데 나도 실패할 수 있구나. 실패하면 저렇게 인정하고 사과하는 어른도 있구나.'라고 느끼고 이러한 모습을 본 아이들은 본인의 실패에 대해서 인정하고 돌아볼 기회를 가질 수 있다. 즉, 메타인지를 사용하여 본인의 모습을 그대로 받아들이는 훈련을 하게 된다.

어른으로서 아이들에게 실패를 인정하는 모습이 쉽지 않다. 나도 그렇다. 하지만 아이들은 우리 부모님이 실패를 대하는 태도나 행동 말투에서 배운다. 아이들이 실패를 부끄러워하거나 두려워하지 않고 더 나은 발판으로 사용할 수 있게 행동으로 보여 주라. 나도 실수하고 인정하고 반복하고 수정하고 그래도 괜찮게 배우고 있다는 것을 표현하라. 아이가 자신을 속이면서 살아가는 것만큼 불행한 인생은 없다. 불안에 떨며 자신감과 행복함이 사라진 상태로 살아갈 수 있다. 결과보다는 과정이 중요하다고 늘 말하지만 정말 그 과정에 내가 얼마나 많은 관심을 가지고 있는지 보여주고, 몸으로 실천하였으면 한다.

'괜찮아'라는 말, 진짜 '괜찮은 걸까?'

'괜찮아'라는 말의 느낌은 어떤가? 어떤 단어들이 떠오르는가? 위로, 따뜻함, 격려, 너의 편 등이 떠오를 것이다. 괜찮다는 말의 힘을 의심해 본 적은 없을 것이다. 교실에서 상황을 한번 가정해 보자. 오늘 영희는 친구와 싸웠다. 친구는 나에게 바보라고 했고 이런 속상한 마음을 부모님에게 들려주었다.

영희 : 아빠, 나 오늘 내 친구가 나한테 바보라고 했어!

아빠 : 진짜? 나쁜 친구네, 그런 친구는 무시해 버려!
　　　괜찮아. 영희는 바보 아니야. 괜찮아 괜찮아.

영희 : 응….

아빠 : 내가 선생님께 말해서 혼내 주라고 할게!! 우리

아이스크림 사러 갈까? 괜찮아 괜찮아.

대화 속 영희는 진짜 괜찮은 걸까? 물론 약간의 위로는 될 것이다. '괜찮아'라는 말을 아빠에게 들었으니 내 편이 있다는 안도감과 속에 있는 말을 했다는 후련함이 있었을 것이다. 그럼 다른 대화를 한번 가정해 보자.

영희 : 아빠, 나 오늘 내 친구가 나한테 바보라고 했어!

아빠 : 진짜? 가만히 있는데 갑자기 바보라고 한 거야?

영희 : 그건 아닌데…. 내가 어제 미술 시간에 풀을 안 가져갔거든, 근데 그 친구한테 빌려 달라고 했는데 선물 받은 거라고 했는데 안 된다는 거야.

아빠 : 아! 안 빌려줬구나.

영희 : 웅! 그래서, 그걸 내 짝꿍에게 이야기했는데….

아빠 : 했는데?

영희 : 내 짝꿍이 그걸 친구에게 말해서, 그 친구가 나한테 바보라고 했어.

아빠 : 그랬구나, 영희가 짝꿍에게 뭐라고 했는데?

영희 : …. 그니까… 그냥….

아빠 : 그냥?

영희 : '이기적인…'이라고 그냥…. 근데 내 짝꿍이 그
　　　걸 친구한테 말해서!!

아빠 : 음. 그랬구나. 그런 일이 있었구나, 영희는 그
　　　때 마음이 어땠어?

영희 : 속상하고…. 친구가 미웠어….

아빠 : 그래서 그랬구나, 지금도 미워?

영희 : 아니 지금은…. 괜찮은 것 같아.

아빠 : 친구가 그런 말을 전해 듣고, 영희한테 바보라
　　　고 한 거구나!

영희 : 으…. 응….

아빠 : 학교에서 있었던 일 말해 줘서 고마워, 영희가
　　　속상했겠네.

　이 대화는 어떤가? 아빠는 괜찮다고 말하지 않았다.
물론 '괜찮아'라는 말 자체가 나쁜 것은 아니다. '괜찮
아'로 모든 사건이나 대화를 해결하려고 하는 것이 나
쁘다는 것이다. 아이에게 부모는 '언제나 나는 네 편이
다.'라는 믿음과 안정감을 주는 것이 무엇보다도 중요

하다. 하지만 사건을 해결해 주고 직접적인 도움을 '즉시' 주려고 하는 태도가 좋지 않다는 것이다. 아이는 사건의 해결을 위해 이 이야기를 하지 않았을 것이다. 아이들의 다툼을 부모가 직접 해결해 주는 방향이 좋지 않을 수도 있다. 실제 학교에서 학폭 접수로 이어지는 경우 부모들 사이의 감정과 자존심이 상해 서로 원수처럼 지내더라도 아이들끼리는 몰래 잘 지내는 경우를 꽤 봐 왔다. 부모님들과 아이들의 해결 방식을 꽤 다를 수 있다.

위로는 '상대방이 나에게 정말 관심이 있구나.'라고 느낄 때 진정한 위로가 된다. 부모가 즉시 해결해 주는 것은 반쪽짜리 아니 반의 반쪽짜리 위로밖에 되지 않는다. 여기서 '도움'의 목적은 이번 사건으로 아이가 스스로 다시 생각할 기회를 얻어서 다음에 똑같은 일을 반복하지 않고 더 나은 기회를 얻거나 더 나은 사람이 되는 것이 더 크다고 생각된다. 학교에서 싸우거나 속상한 일이 있으면 한 명에게만 잘못이 있는 경우는 흔치 않다. 두 번째 대화 속의 아이는 분명 본인의 행동을 되짚어 보는 시간을 가졌고 그 속에서 반성도 하였다. 아빠는 단 한 번도 괜찮다고 말해 주지 않았지만, 아이의 편이라고 느껴지게 했고 신뢰를 얻고 아이에게 위로와 더불어 스스로 생각하는 기회도 주었다.

또 다른 이야기를 통해 또 나쁜 '괜찮아'의 위험성에 대해 살펴보자. 살이 쪄서 고민인 친구가 있었다. 그 친구의 고민도 들어 주었고, 실질적인 도움을 주고자 운동 방법과 식단법을 상세하게 알려 주었다. 하지만 그 아이는 매일, 아니 하루에도 수십 번 "선생님, 더 할 수 있을까요?", "선생님이랑 저는 다르잖아요.", "다른 좀 더 쉬운 방법은 없을까요?" 등의 걱정을 하였고 나도 슬슬 매번 긴 화를 나누기가 힘들어 그냥 하루에도 수십 번 "할 수 있어.", "괜찮아."라며 용기와 위로를 주었다. 하지만 이 "괜찮아."는 밑 빠진 독의 물 붓기, 갈라진 입술에 침을 바르는 느낌이었다. 끊임없이 주변에서 자신을 위로해 주어야 기분이 나아졌고 그 친구는 이 "괜찮아." 없이는 살 수 없는 지경에 이르렀다. "괜찮아."는 그 친구를 "괜찮아." 없이는 진짜로 괜찮지 않게 만들고 있었

칭찬에 춤추던 고래들은 어디로 갔을까 •

다. 스스로 괜찮아지는 법을 까먹어 버린 것이다.

    그럼 어떻게 아이와 대화를 하는 것이 좋을까. 아이들과의 대화에서 상대방에게 '공감'하고 있다는 느낌을 주려면, 절대 하지 말아야 하는 것들이 있는데, 이는 첫째는 판단이다. "네가 잘못했네.", "그건 그래서 그랬네." 등의 판단이다. 두 번째는 결정이다. '그럼 니가 이렇게 하면 되겠네.', '그건 이렇게 하면 간단하네.' 스스로 결정할 수 있게 해 주는 것이지 부모가 결정하여 해결해 주는 것이 아니다. 세 번째는 기다림이다. 상대방이 스스로 말할 때까지 기다려 주어야 하고 자녀와 긴 대화를 할 시간을 내어야 한다. 빨리 해결하려고 하면 빨리 재발한다. "하지 마, 이거 하지 말랬지!"라는 당장에는 아이가 멈추지만, 그 행동은 무조건 반복될 것이다. 왜 하는지, 왜 하면 안 되는지에 대한 자신의 판단을 하지 않았기 때문이다. 빨리 해결하려는 '괜찮아'는 평생 지속해서 옆에 붙어서 계속할 자신이 없으면 안 정말 괜찮다.

성장하는 대화

　'역지사지', 참 좋은 말이다. 뻔한 말 같지만, 누구나 역지사지할 수 있다면 이 세상에는 어떠한 다툼도 없고 서로 아껴 주고 위해 주는 따뜻한 대화만 존재하게 될 것이다. 하지만 이것의 실천은 누구나 어려운 것이다. 여러분들이 제가 제시하는 예문에 드는 '기분'을 한 번만 생각해 보면서 생각의 시간을 가져 보자. 당신이 10살로 돌아갔다고 가정해 본다. 그 나이가 되어 다음의 문장들을 듣는다면, 어떤 생각과 감정을 가지게 되는지 한 번 천천히 느껴 보고 말해 보자. 1), 2), 3) 느낌이 어떻게 다른가?

　1) 이번에도 100점이네. 역시 우리 아들은 똑똑하다

니까.

2) 자랑스러운 내 아들, 이번에도 100점이네. 네가 좋은 점수를 받을 때 아빠는 행복해.

3) 니 성적표를 봤어. 네가 최선을 다한 결과야. 스스로 기쁘겠구나.

어떤 문장에 어떤 느낌이 드는가? 내가 아들이라면 어떤 대답이 듣고 싶은가? 조금 더 감을 잡기 위해 하나의 예를 더 들어 보자. 더불어 어떤 문장이 칭찬, 비판도 아닌 '격려'하는 대화인지 찾아보자.

1) 방이 왜 이 모양이야. 너도 누나처럼 방을 깨끗하게 하란 말이야. 당장 치워.

2) 네 방을 좀 봐. 우리 집에서 네가 제일 깔끔한 거 알고 있지?

3) 방 정리하는 걸 봤단다. 이제 물건 찾기가 더 쉽겠는걸. 아빠도 네 방에서 함께 책을 읽고 싶은 마음이 들어.

1) 그만 좀 우울해 있으라고, 네가 안 잃어버리게 애초에 잘 챙겼으면 이런 일 없었잖아.
2) 잃어버린 물건 걱정은 하지 마. 넌 전에도 잘 털고 일어났으니 이번에도 잘 극복할 거야.
3) 그 이야기는 들었어. 아빠도 속상하구나. 네가 그 물건을 소중하게 여겼는데 말이야. 아주 속상하지?

답을 찾았는가? 마지막 대화가 바로 '격려'하는 대화이다. 너무 어렵다면 이렇게 시도해 보라. 아이가 말하는 것은 그대로 1) 말 그대로 따라 하기 2) 아이의 입장이 되어 진짜 궁금한 물어보기 3) 답을 주지 않고 스스로 생각하고 선택하게 하기. 이 대화법은 아이뿐 아니라 남녀노소 모두에게 사랑받을 수 있는 대화법이다. 예전에 남녀탐구의 연애 심리를 탐구하는 프로그램이 있었다. 거기에서 여자에게 점수를 얻는 대화법을 소개한 적이 있는데, 앵무새 되기였다.

여 : 립스틱 색을 바꿔봤는데 마음에 안 들어.
남 : 립스틱 색이 마음이 안 드는구나!

여 : 배는 고픈데 요즘 살이 많이 쪄서 뭘 먹기가 좀
　　그러네!

남 : 배가 고픈데 요즘 살 때문에 먹기가 좀 그렇구나!

　여기서 "그렇게 테스트 좀 잘해 보고 사지.", "그럼 난
배고프니 밥 먹을게. 니가 정 그렇다면 안 먹는 것도 괜
찮을 것 같아."라고 말한다면 토라진 그녀를 이유도 모
르고 달래줘야 할 것이다. 여기서 앞에서 말한 '격려'하
는 대화 스텝 2), 3) 을 더하면 점수를 더 얻을 수 있다.
"립스틱 색 원래는 뭐 썼는데? 이 색이 어떤 옷이랑 머
리 스타일에 잘 어울릴 것 같아?", "요즘 생활이 어땠는
데?", "건강을 회복하려면 어떤 음식이 좋을까?"

　실제로 교직 생활을 하다가 보면 수업 시간, 쉬는 시
간, 점심시간 가리지 않고 아이들이 고자질하러 선생님
에게 온다. "선생님, 누가 때렸어요.", "선생님, 누가 '바
보'라고 놀렸어요." 등등. 어느 날은 궁금해서 내가 세어
보았는데 그날은 하루에 23회의 고자질이 있었다. 어떻
게 할까? 매번 아이들을 불러서 1) 잘잘못을 따지고 2)

잘못을 인정하게 한 다음 3) 서로 사과를 하게 하는 과정을 거친다면 대충 한 사건당 10분 정도를 잡고 230분 (약 4시간) 정도를 고자질을 해결하는 데 쓰여야 할 것이다. 학교에서 고자질만 해결하다가 집에 가도 모자랄 판이다. 물론 이 고자질을 다 무시한다면 그것 또한 아이들과 선생님과의 신뢰를 잃고 마음을 상한 아이들을 위로하지 못하고 상처를 그대로 방치는 교사가 될 것이다. 사건의 경중을 판단해 보고 사건이 가벼울 경우는, 이 대화의 방법을 많이 쓴다.

아이 : 선생님, 민수가 '바보'라고 놀렸어요.

선생님 : 민수가 '바보'라고 놀렸어? 나빴네. 가만히 있는데 놀렸니? (이 부분에서 대부분 아이는 움찔한다. 가만히 있는데 놀리는 경우가 많지 않기 때문에.) 기분이 안 좋았겠다.

아이 : 맞아요. 나빴어요.

선생님 : 선생님이 어떻게 도와줄 수 있을까?

아이 : 그냥 하지 말라고만 해 주세요.

선생님 : 알겠어. 그럼 영희가 스스로 먼저 한번 말해

볼래? 그래도 안 되면. 선생님이 하지 말라고 한 번 더 할게.

아이 : 네~!

이렇게 되면 아이도 마음에 위로를 받고 원하는 방법을 교사에게 말했기 때문에 문제가 해결되는 경우가 많다. 사실 대부분 사건 속의 영희는 민수에게 하지 말라는 말도 안 한다. 왜냐하면 본인이 잘못한 부분이 양심에 찔려서거나, 이미 마음의 위로를 받고 기분이 좋아졌기 때문이다. 가벼운 사건의 경우 아이들 자신도 상대 아이가 많이 혼나는 것을 원치 않는 경우가 대부분이다.

어릴 적 어른과의 대화 방식은 인생 전반에 걸쳐 영향을 끼치는 경우가 많다. 만약 어릴 적 많은 능력에 대한 칭찬을 받고 자라 왔다면, 지금도 칭찬에 집착해 칭찬을 바랄 수도 있고, 비판을 받고 자라 왔다면 비판에 면역이 생겨 다른 사람의 자신에 관한 이야기는 모두 무시하며 지낼 수도 있다. 비판을 지속해서 받는 것도, 칭찬

칭찬에 춤추던 고래들은 어디로 갔을까 ·

을 지속해서 받는 것도 좋지 않다. 어린 시절의 트라우마가 성인이 되어서도 계속 따라다니는 경우를 보았을 것이다. 물론 하루아침에 대화의 방식을 바꾸기는 쉽지 않다. 설령 바꿨다 하더라도 하루아침에 바뀐 대화에 아이들이 무언가를 느끼고 행복을 바꾸기는 더욱 쉽지 않다. 교육은 원래 쉽지 않은 것이다. 물을 끓이는 것과 같다. 끓는 순간까지 내가 무엇을 하고 있는지도 모르고 변화는 보이지 않는다. 그전에 멈춘다면 끓는 순간을 볼 수 없을 것이고, 참고 인내한다면 100도가 되는 순간 내가 지금껏 부은 노력의 결과를 맞이할 것이다.

사람은 바꿔 쓰는 거 아니다

　"선생님, 우리 아이가 꼼꼼하지 못해요. 누굴 닮아서 그러는지 정리도 잘 못하고 몇 번을 잔소리해도 잘 고쳐지지 않네요. 무슨 방법 없을까요." '사람은 바꿔 쓰는 거 아니다.'라는 말이 있다. 아니 그게 무슨 교사로서 할 소리인가 할 것이다. '아이들의 나쁜 습관을 고치고 인성을 바로잡아 줄 교사가, 아니 교육의 목적이 올바른 사람으로 이끄는 것인데 사람은 바꿔 쓰는 게 아니라니. 그럼 교사가 무슨 필요고 학교가 무슨 필요인가?'라고 할 것이다. 나는 여기서 이 말에 어디에 중심을 둘 것인가가 중요한 것 같다. '바꿔'에 중점을 두지 않고 '바꿔 쓰는' 데 중점을 두기 때문에 문제가 생기는 것 같다.

당연히 나는 사람은 바뀐다고 믿고 있다. 이걸 믿지 않으면 교사라는 직업을 가지고 삶을 살아가는 의미가 없을 것이다. 하지만 내 입맛에 맞게 '쓰려고' 사람을 바꾸려는 것은 실패한다. 다른 사람의 마음은 나의 마음과 같지 않고 한 이불을 덮고 자는 사람, 나와 똑 닮은 내 자식이라도 마음은 다르다. 내가 어디에 쓰려는 의도로 그 사람과 대화를 하게 되면 어서 빨리 그 쓸모로 도달해야 하고 그 목적으로 가는 길에 도움이 되지 않는 나머지 대화들은 쓸모가 없다고 생각되어 급하게 대화를 이끌어 가거나 목적을 자꾸 노출하는 대화를 하게 된다. 그렇게 되면 믿음과 신뢰를 얻으며 공감을 하는 대화는 사라지고 변화의 기회는 점점 더 적어지게 된다. '칭찬, 관심, 격려'가 안 좋다는 것이 아니다. '바꿔 쓰려고' 하는 목적이 있는, '칭찬하면 더 잘하겠지? 이 정도면 이런 내 마음과 관심을 알아주겠지? 괜찮다는 말을 들으면 바로 괜찮아지겠지.'라고 생각하는 '칭찬, 관심, 격려'가 안 좋다는 말이다.

칭찬에 춤추던 고래들은 어디로 갔을까 •

남을 바꾸는 것은 어렵다. 하지만 내가 바뀌는 것은
할 수 있다. 내가 바뀌면 남이 바뀔 수도 아닐 수도 있다.

아이들은 7시에 기상하여 아침 전쟁을 한바탕 치르고, 8시에 집에서 출발한다. 8시 30분쯤 학교에서 도착하여 학교에서 친구들과 시간을 보내고 2시 30분쯤 학교를 나선다. 학원 버스에 몸을 신고 평균 2개 정도의 학원을 들러 집에 도착하면 5시경, 퇴근하는 부모님을 기다리며 게임을 하거나 간식을 먹거나 친구와의 시간을 즐긴다. 7시경 가족들과 저녁을 먹고 학원이나 학교 숙제를 하고 남은 시간은 티비를 보거나 유튜브를 보며 하루를 마무리한다. 10시경 잠자리에 든다. 아마 보통 아이들의 평균적인 하루일 것이다. 문제입니다. 이 속에서 부모님들과 아이들이 함께 보낸 시간은 얼마일까요? 그중 눈을 마주치며 다정하게 이야기하고 살을 맞대며 즐겁게 보낸 시간은 얼마일까요?

어느 날 생각을 해 보았다. 학교에서 담임으로서 아이들과 보내는 시간이 부모님들보다 많지 않을까? 아이들을 관찰하고 눈을 보며 이야기하고 같이 만들고 뛰어놀며 보내는 시간이 생각보다 많았다. 가족과 사회의 형태가 바뀌고 생활방식이 바뀌면서 현대 시대에 가정에서 하는 많은 역할을 학교나 학원 및 다른 기관에서 나누어서 하고 있다. 하지만 그 가장 중심은 부모님을 포함한 자녀 즉, '가정'에 있어야 한다. 아이에게 다양한 어른들과 사람들을 만나고 다양한 경험을 하는 것은 물론 좋은 일이다. 하지만 한결같은 '가족'이 있어야 그 다양함도 약이 될 수 있다.

부모님들은 누구보다 자녀 교육에 관심이 많고 다양한 정보들을 찾으며 많은 노력을 기울이신다. 그렇지만 항상 불안해하고 미안해한다. 아이들과 가장 많은 시간을 보내고, 다양한 아이들을 관찰하고 함께해 온 교사로서 조금이나마 도움을 드리고 싶었다. 이 책을 빌려 나에게 삶의 원동력을 준, 신기하고 다양한 에너지 넘치는 아이들에게 고마움을 전하고 이 세상 모든 부모님께 잘하고 계신다는 응원의 메시지를 보내고 싶다.

〈학교란 무엇인가〉, EBS 학교란 무엇인가 제작팀, 중앙북스(books), 2011. 8.

《임포스터》, 리사 손, 21세기북스, 2022. 1.

《격려수업》, 린 로트·바버라 멘덴홀, 교육과 실천, 2019. 10.

《학급긍정훈육법》, 제인 넬슨·린 로트·스티븐 글렌, 에듀니티, 2014. 9.

《콜버그의 도덕성 발달이론》, 문용린 저, 아카넷, 2004. 4.

《인지부조화 이론》, 레온 페스팅거 저/ 김창대 역, 나남, 2016. 8.

〈초등 영재학생의 지적·정의적 행동 특성 및 지도 방안 연구〉, 김홍원/윤초희/윤여홍/김현철, 2003년 한국교육개발원 보고서.